QUILTING GAMES

SUDOKU  **CONNECT THE DOTS**

CROSSWORDS **WORD SEARCH**

COLORING PAGES

FOR

QUILTERS

Created by Vickie Sloderbeck

This Quilting Games Book Belongs To

_____

SUDOKU PUZZLES FOR QUILTERS

		7					4	3
5		3		2				
	9		3		7	1		5
			1	5				7
		6				2		
7				8	6			
9		2	7		5		3	
				4		7		9
1	7					4		

TIPS FOR SOLVING SUDOKU PUZZLES

1. A Sudoku puzzle will have only one solution.
2. Every row (horizontal), every column (vertical) and every 3x3 section (grid) can only contain the numbers 1 through 9 **one time**, with no repeats.
3. Begin first by looking at the top 3 rows as one section.
4. Starting with #1, see where each are located. They can only appear a total of 3 times—once in each 3x3 grid and within each grid, only one time. Once you have figured out where to place #1s, then move on to #2s.
5. Sometimes it will be necessary to skip a number and move on to the next one because there is not enough information to figure out where to place it. If so, move on to the next consecutive number.
6. In trying to decide which space a number goes in within the top 3 rows, it may be necessary to examine the vertical columns as well, making sure a number only occurs once within the column as well as one row and within one 3x3 grid.

Notice the solved puzzle below:

6	9	7	(1)	8	2	3	4	5
3	5	8	9	4	7	6	2	(1)
(1)	4	2	3	5	6	9	8	7
5	3	6	2	(1)	9	4	7	8
7	8	(1)	4	6	5	2	3	9
9	2	4	8	7	3	5	(1)	6
8	6	3	7	9	4	(1)	5	2
2	(1)	5	6	3	8	7	9	4
4	7	9	5	2	(1)	8	6	3

7. Upon examination, you will notice that each column, each row, and each 3x3 section only contain the number 1 one time. It is also true for the remaining numbers 2 through 9. This is how you know your puzzle is correct.
8. When working a puzzle, only write in the numbers you are sure of; otherwise, your puzzle can become very messy if erasing and changing your numbers ends up occurring.
9. When working your puzzle, you may want to write small numbers up in the corners of the squares as you work to figure out your answers. Once you are sure of the number, then write it bigger to take up the square.

Puzzle #1 - Medium Difficulty

		9			2	5		
	2			6	5		8	
		6			8	3	2	
6		2		9			3	
	5			8		6		1
	9	1	8			2		
	4		1	5			9	
		5	7			1		

Puzzle #1 - Medium Difficulty

4	8	9	3	7	2	5	1	6
1	2	3	9	6	5	4	8	7
5	7	6	4	1	8	3	2	9
6	1	2	5	9	7	8	3	4
8	3	7	6	4	1	9	5	2
9	5	4	2	8	3	6	7	1
7	9	1	8	3	4	2	6	5
2	4	8	1	5	6	7	9	3
3	6	5	7	2	9	1	4	8

Puzzle #2 - Hard

3	8	4			7		6	
			8		9	5		
9			1			8		3
						2	7	
5								8
	4	8						
7		9			3			1
		3	9		6			
	1		7			3	9	2

Puzzle #2 - Hard

3	8	4	2	5	7	1	6	9
1	6	2	8	3	9	5	4	7
9	7	5	1	6	4	8	2	3
6	9	1	3	4	8	2	7	5
5	3	7	6	9	2	4	1	8
2	4	8	5	7	1	9	3	6
7	5	9	4	2	3	6	8	1
8	2	3	9	1	6	7	5	4
4	1	6	7	8	5	3	9	2

Puzzle #3 - Easy

		6		7	8			
			2	3		1	9	7
	9					6		
					2	9	7	1
5								8
6	2	9	8					
		3					1	
4	7	5		6	9			
			7	8		5		

Puzzle #3 - Easy

1	3	6	9	7	8	4	2	5
8	5	4	2	3	6	1	9	7
7	9	2	5	4	1	6	8	3
3	4	8	6	5	2	9	7	1
5	1	7	3	9	4	2	6	8
6	2	9	8	1	7	3	5	4
9	8	3	4	2	5	7	1	6
4	7	5	1	6	9	8	3	2
2	6	1	7	8	3	5	4	9

Puzzle #4 - Medium

	4	6		3			1	
		1		7	4	8	9	
		9	8					
		5	3					
3	7			5			2	4
					7	3		
					3	6		
	8	3	9	4		5		
	1			6		4	3	

Puzzle #4 - Medium

8	4	6	2	3	9	7	1	5
5	2	1	6	7	4	8	9	3
7	3	9	8	1	5	2	4	6
4	9	5	3	8	2	1	6	7
3	7	8	1	5	6	9	2	4
1	6	2	4	9	7	3	5	8
9	5	4	7	2	3	6	8	1
6	8	3	9	4	1	5	7	2
2	1	7	5	6	8	4	3	9

Puzzle #5 - Medium

		8	3				7	
3				2		6	9	8
					8			
6	4		8		7		1	
	8						5	
	9		1		5		8	3
			7					
4	1	7		8				5
	5				1	8		

Puzzle #5 - Medium

9	2	8	3	1	6	5	7	4
3	7	1	5	2	4	6	9	8
5	6	4	9	7	8	3	2	1
6	4	5	8	3	7	2	1	9
1	8	3	4	9	2	7	5	6
7	9	2	1	6	5	4	8	3
8	3	6	7	5	9	1	4	2
4	1	7	2	8	3	9	6	5
2	5	9	6	4	1	8	3	7

Puzzle #6 - Easy

4	7			8				5
		6	4		9	8		1
5						2		
6			8		2			
		2				5		
			5		1			6
		3						4
1		8	3		6	7		
2				4			3	9

Puzzle #6 - Easy

4	7	1	2	8	3	9	6	5
3	2	6	4	5	9	8	7	1
5	8	9	6	1	7	2	4	3
6	1	5	8	3	2	4	9	7
7	3	2	9	6	4	5	1	8
8	9	4	5	7	1	3	2	6
9	6	3	7	2	5	1	8	4
1	4	8	3	9	6	7	5	2
2	5	7	1	4	8	6	3	9

Puzzle #7 - Very Hard

					8	3		
1		3		9			6	
	4		6			1		
	1			2				3
	6	8	9		1	4	2	
4				8			9	
		1			7		5	
	7			6		2		8
		9	8					

Puzzle #7 - Very Hard

5	9	6	1	7	8	3	4	2
1	8	3	2	9	4	5	6	7
2	4	7	6	5	3	1	8	9
9	1	5	4	2	6	8	7	3
7	6	8	9	3	1	4	2	5
4	3	2	7	8	5	6	9	1
8	2	1	3	4	7	9	5	6
3	7	4	5	6	9	2	1	8
6	5	9	8	1	2	7	3	4

Puzzle #8 - Medium

		6	2	9	1		7	8
				5			6	
8						1	2	
		8			3		9	
7								1
	2		9			6		
	9	4						7
	7			8				
3	8		6	1	7	9		

Puzzle #8 - Medium

4	3	6	2	9	1	5	7	8
9	1	2	7	5	8	4	6	3
8	5	7	3	4	6	1	2	9
5	6	8	1	2	3	7	9	4
7	4	9	8	6	5	2	3	1
1	2	3	9	7	4	6	8	5
6	9	4	5	3	2	8	1	7
2	7	1	4	8	9	3	5	6
3	8	5	6	1	7	9	4	2

9					4	2		7
1	2						5	
6				5				9
	8			1	6		7	
	7						2	
	6		7	8			4	
8				3				2
	4						1	8
7		3	6					5

Puzzle #9 - Medium

9	5	8	1	6	4	2	3	7
1	2	7	8	9	3	6	5	4
6	3	4	2	5	7	1	8	9
4	8	2	5	1	6	9	7	3
5	7	1	3	4	9	8	2	6
3	6	9	7	8	2	5	4	1
8	9	5	4	3	1	7	6	2
2	4	6	9	7	5	3	1	8
7	1	3	6	2	8	4	9	5

Puzzle #10 - Very Hard

2		5			1	4		3
6	4	8	3	2	5			
	6		2					7
		3				5		
5					8		6	
			7	1	4	8	3	2
4		1	8			9		5

Puzzle #10 - Very Hard

2	7	5	9	6	1	4	8	3
1	3	9	4	8	7	2	5	6
6	4	8	3	2	5	7	1	9
8	6	4	2	5	3	1	9	7
7	1	3	6	4	9	5	2	8
5	9	2	1	7	8	3	6	4
9	5	6	7	1	4	8	3	2
3	8	7	5	9	2	6	4	1
4	2	1	8	3	6	9	7	5

C	Y	I	Q	E	P	Z	L	A	K
O	T	S	U	S	Y	S	V	S	L
N	V	E	I	G	P	I	G	E	K
G	G	Z	L	V	W	M	K	A	P
V	Y	Y	T	K	B	D	J	R	P
K	Z	Q	I	Y	G	G	I	C	Y
Q	D	C	N	M	X	E	K	H	B
R	X	U	G	N	N	N	N	E	Z
Z	O	X	Q	W	K	J	X	S	J
J	W	O	R	D	Q	Y	Q	O	Q

QUILT TERMS #1

```
O W C Z M I Q B B H U Z V O V B A S T E S C D S X L
W X D V H R Q U I M X V B D S N G E N R N B X E H V
J Y R W G Q A H S A T S I B E C B E E B F P C L L Y
U S H T Y R J B P Z W D N E G K Z T A C T O W V O U
S B B T T H I M B L E U D Q L R R G C C E O S A F S
P T I J U Q Z K B L X L I Y P A A N G F O H X G T G
F E R U R H R U C K E P N E U D N I D R C T M E N J
B V O E M J T V I S R Y G Q C R M K N B X R A I E P
U X J M T S P O O L S O T F F A G C C X Z C X K Z
D G B C R T A O L S N A W R D P S A G F E A H V M B
O G E D W G U M X C F J A H V E A B O L F Z I U I B
I K Q S L X N C M K D M K E C U O I A R F T N N R J
T A R N S A J I Y R E A S T Z T S N E E W T E B M T
E M G V C G C F S R S E O N H A A T S J S J H P Z E
H H N W Y N F X J S A D K R O B N P A E Q A Z R F N
U B I S E I P P F S E T L M B I V O I L N N E F V S
I B C T G T C Y C A N R O H U H T W B L O Y G M Y I
N T E M P L A T E S B I P R W S P O L Y T A D X Q O
O N I G N I T T A B Q R B O Y B L W N R T R Y W M N
C N P C P U K U B A J K I B J T A I J O O Q Q T K F
U S L C M Q U Q I J L I U C O U H X N L C H N J Q Z
L V B L X Y Y S L I C N E T S B I E H L V N X M W B
```

quilting	jelly roll	grain	ease	baste	drape	fat quarters
binding	bias	bobbins	needles	thimble	betweens	broadcloth
backing	batting	notions	rotary cutter	pressing	muslin	patchwork
piecing	selvage	spools	stencils	stash	fabrics	cotton
templates	tension	frame	hoop	machine	loft	interfacing

QUILT TERMS #1

```
O W C Z M I Q B B H U Z V O V B A S T E S C D S X L
W X D V H R Q U I M X V B D S N G E N R N B X E H V
J Y R W G Q A H S A T S I B E C B E E B F P C L L Y
U S H T Y R J B P Z W D N E G K Z T A C T O W V O U
S B B T T H I M B L E U D Q L R R G C C E O S A F S
P T I J U Q Z K B L X L Y P A A N G F O H X G T G
F E R U R H R U C K E P N E U D N I D R C T M E N J
B V O E M J T V I S R Y G Q C R M K N B X R A I E P
U X J M T S P O O L S O T F F A G C C K X Z C X K Z
D G B C R T A O L S N A W R D P S A G F E A H V M B
O G E D W G U M X C F J A H V E A B O L F Z I U I B
I K Q S L X N C M K D M K E C U O I A R F T N N R J
T A R N S A J I Y R E A S T Z T S N E E W T E B M T
E M G V C G C F S R S E O N H A A T S J S J H P Z E
H H N W Y N F X J S A D K R O B N P A E Q A Z R F N
U B I S E I P P F S E T L M B I V O I L N N E F V S
I B C T G T C Y C A N R O H U H T W B L O Y G M Y I
N T E M P L A T E S B I P R W S P O L Y T A D X Q O
O N I G N I T T A B Q R B O Y B L W N R T R Y W M N
C N P C P U K U B A J K I B J T A I J O O Q Q T K F
U S L C M Q U Q I J L I U C O U H X N L C H N J Q Z
L V B L X Y Y S L I C N E T S B I E H L V N X M W B
```

quilting	jelly roll	grain	ease	baste	drape	fat quarters
binding	bias	bobbins	needles	thimble	betweens	broadcloth
backing	batting	notions	rotary cutter	pressing	muslin	patchwork
piecing	selvage	spools	stencils	stash	fabrics	cotton
templates	tension	frame	hoop	machine	loft	interfacing

QUILT TERMS #2

```
E B Y J H H Z B S O F S E H C T I T S L L Q T V N R
R N M I W E E T H Q T R W B L U B A C K S T I T C H
R F B T W W X C O C U T S H F K A W F D O J J G G Q
F E E D D O G A J M A A C R O S S C U T P N N K N E
V S I H H Q Q S G L I L R B E D F S O E B I S S I O
Q K L K E N R U N O F M I E A D V M O L T M E V D E
C Y E J L A Y E R I N G A C S B R B B L B H K C N I
J C C U E N Z C T Q M S W C O D Q O I E C Z F J I P
B J B E P C E L E L S W L L H X D U B T A I F E B V
R P A Q O N D O U N I D T B M I Q E I V T R T T B A
O C C U C R A S Q H I U A X A D N T W N C T D A H N
A K K A S T M E I W G H Q E N S S E O X E K T I D Z
D W I O O R D T L F A T C A R D T O Q L T T S K N C
C I N N D I N S P B S M H A N H I I A U I R U I R G
L L G U I A A G P Q T M H I M E T P N N I N I A W U
O O U G E N H P A Y R V L F O G J Z G G C L Z H G V
T G I J L G O C R D I B H K G J N Q X H S Y T T S X
H L F F A L D P S J P P Z D L X G I O J R V O I H T
Z D P O K E W N V J S X F R Q U G J W J V R P X N A
W S N Q D S A P E D C J N T V L V Y Q E P E W G T G
Y W L A P Q U I L T I N G F M D M N D W S Y Q U H F
P E X J P A I S L E Y F O P E G A V L E S M I E J B
```

closet	sewing machine	threads	quilter	crazy
hand quilting	machine quilting	layering	backing	batting
top	handmade	kaleidoscope	lap quilting	tshirt
crosscut	selvage	triangles	hexagons	squares
strips	palette	applique	calico	borders
binding	bolt	basting	backstitch	bearding
stitches	feed dog	paisley	blind stitches	broadcloth

QUILT TERMS #2

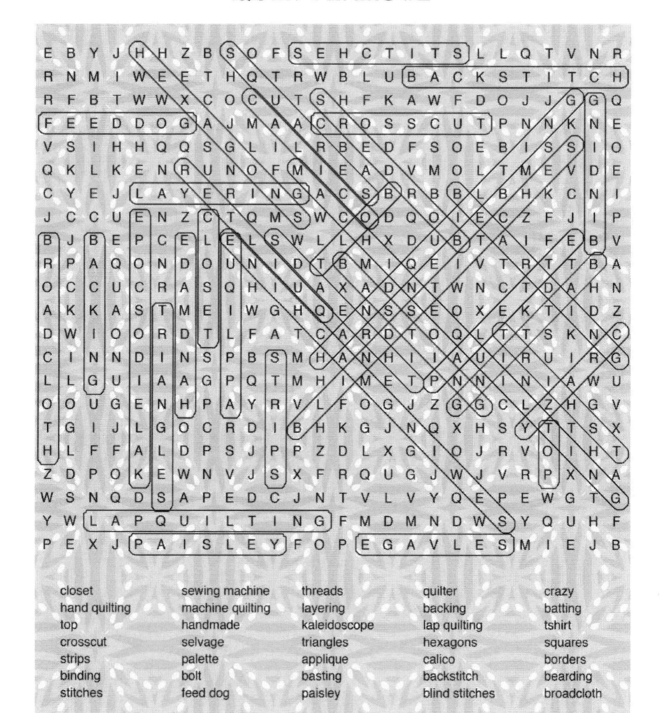

closet	sewing machine	threads	quilter	crazy
hand quilting	machine quilting	layering	backing	batting
top	handmade	kaleidoscope	lap quilting	tshirt
crosscut	selvage	triangles	hexagons	squares
strips	palette	applique	calico	borders
binding	bolt	basting	backstitch	bearding
stitches	feed dog	paisley	blind stitches	broadcloth

QUILT TERMS #3

```
E W S R R K D K T U K O J F V C P X E D I U G Z F L
R E X T E N S I O N H W S Q Q X G M S H R E V Z N G
S L L P U T B C T J C H C I W D N A S F N I Q X G N
T C Q F G G M X J I T X I E P S R F L I O S R E Q P
B W I U T N E H R B I H G N I Y N T L O I Y C P X J
T L E S I P I D G Z D A E J K O Y B Y Q T H Y Z V U
B P O P S L E C R N V S P R T K U E S F O U N U V X
I G I C G O T T E L I K U I A O X S K Q M W Y P X G
A E Y E K X R T E I Y C O P G U E F U M E H N O R I
S R S M C S L S O M P N E Y P R Q I B E E N M C S S
T U U Y T I I Q L P S P V I P L L S S J R B E L Z B
A T L L A W N G I S E D I V P T I N F A F C S R Z L
P A C Z P M X G P L G M N R I N G E F L I B I H W U
E I R U E O N R O O E Q W N T I I D S T A G A Y C G
K N O G C L A V S B L N G R S S C A T Z H H L R L B
L I S I Z H E G N M I I N E Q T F A H T N N L V A I
J M S R S T E N C I L S D A L A L W S C U D O V M F
Z E G Q S E A M R I P P E R L M L I E B F H W N S O
D S R E N R O C Q D H U A G W F D T B H I W A Z H U
N W A P X B L O C K I N G R P E Y A Y P T G N I E U
L Q I Z H D P A T T E R N S S W G E Z E O E C M L G
H K N B P E R U S A E M E P A T A O Z Y M S E Y L O
```

ditch	blocks	chain piecing	clamshell	design wall	scissors
seam ripper	tape measure	cross grain	echo quilting	flannel	free motion
quilt top	iron	press	half square	lattice	strip piecing
miniature	motif	notions	patterns	sandwich	right sides
allowance	selvage	sharps	stencils	tension	guide
corners	blocking	bias tape	supplies	designs	piecing

QUILT TERMS #3

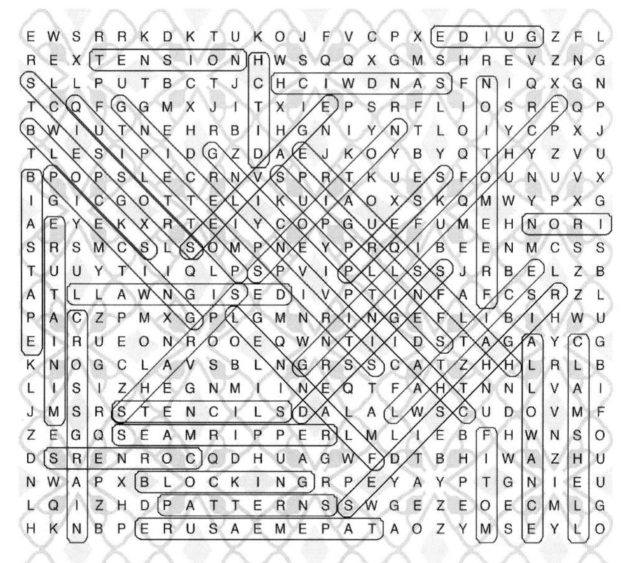

E W S R R K D K T U K O J F V C P X E D I U G Z F L
R E X T E N S I O N H W S Q Q X G M S H R E V Z N G
S L L P U T B C T J C H C I W D N A S F N I Q X G N
T C Q F G G M X J I T X I E P S R F L I O S R E Q P
B W I U T N E H R B I H G N I Y N T L O I Y C P X J
T L E S I P I D G Z D A E J K O Y B Y Q T H Y Z V U
B P O P S L E C R N V S P R T K U E S F O U N U V X
I G I C G O T T E L I K U I A O X S K Q M W Y P X G
A E Y E K X R T E I Y C O P G U E F U M E H N O R I
S R S M C S L S O M P N E Y P R Q I B E E N M C S S
T U U Y T I I Q L P S P V I P L L S S J R B E L Z B
A T L L A W N G I S E D I V P T I N F A F C S R Z L
P A C Z P M X G P L G M N R I N G E F L I B I H W U
E I R U E O N R O O E Q W N T I D S T A G A Y C G
K N O G C L A V S B L N G R S S C A T Z H H L R L B
L I S I Z H E G N M I I N E Q T F A H T N N L V A I
J M S R S T E N C I L S D A L A L W S C U D O V M F
Z E G Q S E A M R I P P E R L M L I E B F H W N S O
D S R E N R O C Q D H U A G W F D T B H I W A Z H U
N W A P X B L O C K I N G R P E Y A Y P T G N I E U
L Q I Z H D P A T T E R N S S W G E Z E O E C M L G
H K N B P E R U S A E M E P A T A O Z Y M S E Y L O

ditch	blocks	chain piecing	clamshell	design wall	scissors
seam ripper	tape measure	cross grain	echo quilting	flannel	free motion
quilt top	iron	press	half square	lattice	strip piecing
miniature	motif	notions	patterns	sandwich	right sides
allowance	selvage	sharps	stencils	tension	guide
corners	blocking	bias tape	supplies	designs	piecing

QUILT NAMES #4

```
O A Y U B Z P E S O R E N I P L A Z F J A K D P G W
S E I N N U B K C R G D N T V D Y D C A R Q G E O Q
J D R Z F J N O Q Q E M S C J K N R M A N H Y R M T
X C I Z K E C O N F O G C L R R A A T R H P K O S V
V Z S D C K L L F R O X N O E Z A S T F A B A Q G C
W O R K S I Y L N U X A W I Y S A T N S O H U T O R
W K T C P V Y I I B D E Y A F I O X S X E S C U C H
B I O G M I N A C N B K N F N Y K R V L S K O K O H
E M V B N G L O R U T N Y R U Z D F T U E L A N B S
B F V G G F S G C G U O O T P L I A M S U V E C N W
L X B L N Z E L H E Z F N T U J M X L F E Y O I B O
E A O D Q U I Z C C I S U L J A P L L N C V B N M R
T R I J C Z L U T L B E W I W J E A O O P A R L Q C
Y Z O N M D F Y A P Z P A U U G R B M V C O O A R S
W K J E N H R C P K D I P Q Q M I B I G E C U G H G
I G M A A E E Z N R D R S B X H A B O R V R Q T G N
L U Y G L M T C A B L T R I S U L L C W U W O E O I
D U T D B W T N F E O S A R P X T F S Y B O Q S G K
R I K Y U T U A E H B E E C Z I E Z T L M C S V E J
O P Y J M F B V Q C M V B P Z G A K S H O Q R S G W
S D N O M A I D F P Z I B P B O H O Y D K L M H I I
E L A N O G A X E H F F M C L A D Y F I N G E R S M
```

Album	Alpine Rose	Butterflies	Centennial	Fan Patch
King's Crows	Lady Fingers	Hexagonal	Honeycomb	Iris
Diamonds	Crib Quilt	Crazy Ann	California Star	Bunnies
Wild Rose	Workbox	Necktie	Morning Glory	Log Cabin
Linton	Flying Bat	Charm	Cake Stand	Bear's Paw
Cockscomb	Cube Work	Fan Patch	Five Stripes	Imperial Tea
Harvest Rose	Lady Fingers	Love Rose	Missouri Beauty	Novel Star

QUILT NAMES #4

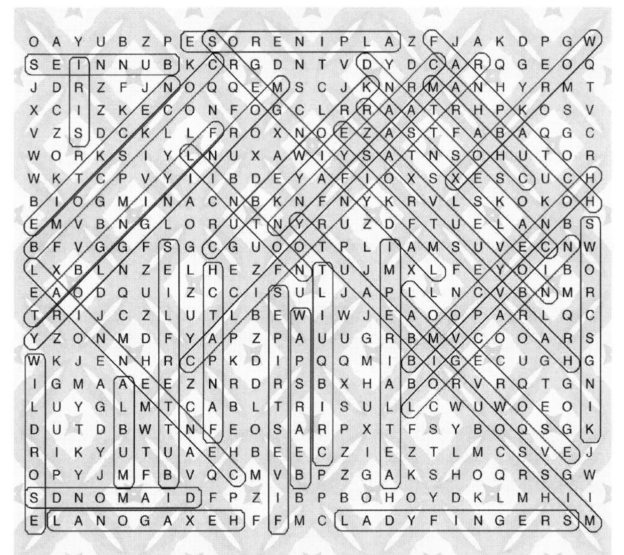

Album	Alpine Rose	Butterflies	Centennial	Fan Patch
King's Crows	Lady Fingers	Hexagonal	Honeycomb	Iris
Diamonds	Crib Quilt	Crazy Ann	California Star	Bunnies
Wild Rose	Workbox	Necktie	Morning Glory	Log Cabin
Linton	Flying Bat	Charm	Cake Stand	Bear's Paw
Cockscomb	Cube Work	Fan Patch	Five Stripes	Imperial Tea
Harvest Rose	Lady Fingers	Love Rose	Missouri Beauty	Novel Star

QUILT NAMES #5

```
W J O K E F A C F U M D H O U R G L A S S N Z Y M S
R V J O I N I N G S T A R J F X F A N G L H R O E P
W K T E K B E L M E X I C A N R O S E M E O R S M H
I Y R E I Y O J S L R I G R F F E R S Q L K E I O R
U S A V X N O V E L S T A R O R O X Y G V T T C R C
V Z T E K S A B H C N E R F U S B H G E A M S S Y P
T O S N T K H X O K V N T S M C S N D G N J B O C S
R L O I H E Y E Q C Z L A H U D I E N W W Z O G I U
E M I N A Z K V B U E E E B I N L E D W P W L H R D
D A H G R G V S X O R A E A R C D E T C Q Q E V C E
D E O S V Y M R A T L L N O S L K S Y E A V H H L V
A R X T E P E Y E B A G M W O N J O L M U N T Y E I
L D O A S T C M I T T I E G A P G R R L O I O Q W L
S S N R T U O L T R E I C H D V E N M Y E N T E U S
B R D E R H T I M R B I U G T E E O H G L B O W S C
O E L Z O P C K O B G L J R X O T S N X V E Y C C L
C H H W S E D S Q C P H B F F F R I N Y E E A O E A
A T M E E B H C N A R B E V I L O R Y E B K I F J W
J O N E D R A G S Y R A M E S D M R J I V L H W N S
F M S S R E G N I F Y D A L D Y K A E J H M O N R H
L A C I T S A I S E L C C E R W Z H Y F T I X C C J
M S L I U Q N O J V H O B S O N S K I S S Y T P K Y
```

The Globe	Fruit Basket	French Basket	Girl's Joy	Golden Gates
Harvest Rose	Hickory Leaf	Hobson's Kiss	Home Treasure	Jonquils
Joining Star	Joy Bells	Lady Fingers	Memory Circle	Morning Glory
Mary's Garden	Cube Lattice	Devil's Claws	Crossed Canoes	Ecclesiastical
Economy	Fan	Evening Star	Harrison Rose	Hour Glass
Letter X	The Lobster	Mexican Rose	Mother's Dream	Novel Star
Ocean Waves	Ohio Star	Jacob's Ladder	Olive Branch	Peony Block

QUILT NAMES #5

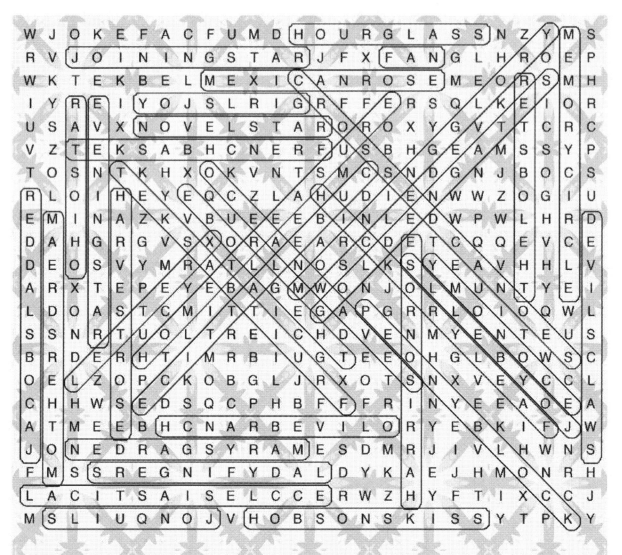

W J O K E F A C F U M D H O U R G L A S S N Z Y M S
R V J O I N I N G S T A R J F X F A N G L H R O E P
W K T E K B E L M E X I C A N R O S E M E O R S M H
I Y R E I Y O J S L R I G R F F E R S Q L K E I O R
U S A V X N O V E L S T A R O R O X Y G V T C R C C
V Z T E K S A B H C N E R F U S B H G E A M S S Y P
T O S N T K H X O K V N T S M C S N D G N J B O C S
R L O I H E Y E Q C Z L A H U D I E N W W Z O G I U
E M I N A Z K V B U E E E B I N L E D W P W L H R D
D A H G R G V S X O R A E A R C D E T C Q Q E V C E
D E O S V Y M R A T L L N O S L K S Y E A V H H L V
A R X T E P E Y E B A G M W O N J O L M U N T Y E I
L D O A S T C M I T T I E G A P G R R L O I O Q W L
S S N R T U O L T R E I C H D V E N M Y E N T E U S
B R D E R H T I M R B I U G T E E O H G L B O W S C
O E L Z O P C K O B G L J R X O T S N X V E Y C C L
C H H W S E D S Q C P H B F F R I N Y E E A O E A A
A T M E E B H C N A R B E V I L O R Y E B K I F J W
J O N E D R A G S Y R A M E S D M R J I V L H W N S
F M S S R E G N I F Y D A L D Y K A E J H M O N R H
L A C I T S A I S E L C C E R W Z H Y F T I X C C J
M S L I U Q N O J V H O B S O N S K I S S Y T P K Y

The Globe	Fruit Basket	French Basket	Girl's Joy	Golden Gates
Harvest Rose	Hickory Leaf	Hobson's Kiss	Home Treasure	Jonquils
Joining Star	Joy Bells	Lady Fingers	Memory Circle	Morning Glory
Mary's Garden	Cube Lattice	Devil's Claws	Crossed Canoes	Ecclesiastical
Economy	Fan	Evening Star	Harrison Rose	Hour Glass
Letter X	The Lobster	Mexican Rose	Mother's Dream	Novel Star
Ocean Waves	Ohio Star	Jacob's Ladder	Olive Branch	Peony Block

HIDE YOUR STASH #6

```
T E S O L C N E N I L I D C E L P H S P C G X B O Y
H A K B V Y D P M E Z F Y Y A B C U A H S G C N U T
R W S J A K N A M O T T O U C F O N I R C O W Z O W
S N W E Z T K I E S K P N T V C T L E J A C X B U X
S Z F M S B H I N N D D T S O R D W F T O F K N T J
R B R F K A D R U A R D P T Y R A J H O H M D M X C
E E I L T M C R O Y O U N D E R M A T T R E S S E S
N H E A K M T W H O N F X N D S N N O Q R I O Y C N
I I N U Q R N A O D M B S R N G O Y Q D H G Q H A I
L N D T A M M N E L A C E U E J B L R J I H J A P B
C D S C B P G R Z S L S A R H O P E C H E S T N S C
E B H J E C T C E O S I S B X W S X E F J E P G C I
R O O R F H X M S E C X P X I S F Z B F O W T E I T
R O U V E Y E E R M F B W J E N X T Y V L K L R T S
E K S B N N T D D Y S G A R A G E C F H H H C C T A
D S E W T S S E V L E H S P O T S T B R J S Z A A L
N D D X X H J M R P S G A B H S A R T K C A L B B P
U N I G H T S T A N D T E S O L C M O O R H T A B I
```

dresser drawers	basement	hope chest	children's closets
linen closet	bathroom closet	ottoman	black trashbags
hanger	under the bed	under mattresses	top shelves
coat hangers	plastic bins	attic space	car trunk
laundry hamper	pantry	pillow cases	nightstand
under dressers	bathroom cabinet	garage	friend's house
under recliners	behind books	toybox	back of closet

HIDE YOUR STASH #6

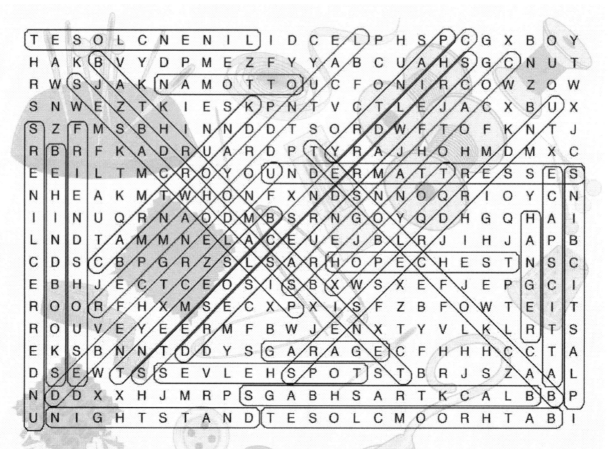

T E S O L C N E N I L I D C E L P H S P C G X B O Y
H A K B V Y D P M E Z F Y Y A B C U A H S G C N U T
R W S J A K N A M O T T O U C F O N I R C O W Z O W
S N W E Z T K I E S K P N T V C T L E J A C X B U X
S Z F M S B H I N N D D T S O R D W F T O F K N T J
R B R F K A D R U A R D P T Y R A J H O H M D M X C
E E I L T M C R O Y O U N D E R M A T T R E S S E S
N H E A K M T W H O N F X N D S N N O Q R I O Y C N
I I N U Q R N A O D M B S R N G O Y Q D H G Q H A I
L N D T A M M N E L A C E U E J B L R J I H J A P B
C D S C B P G R Z S L S A R H O P E C H E S T N S C
E B H J E C T C E O S I S B X W S X E F J E P G C I
R O O R F H X M S E C X P X I S F Z B F O W T E I T
R O U V E Y E E R M F B W J E N X T Y V L K L R T S A
E K S B N N T D D Y S G A R A G E C F H H H C C T A
D S E W T S E V L E H S P O T S T B R J S Z A A L P
N D D X H J M R P S G A B H S A R T K C A L B B P
U N I G H T S T A N D T E S O L C M O O R H T A B I

dresser drawers	basement	hope chest	children's closets
linen closet	bathroom closet	ottoman	black trashbags
hanger	under the bed	under mattresses	top shelves
coat hangers	plastic bins	attic space	car trunk
laundry hamper	pantry	pillow cases	nightstand
under dressers	bathroom cabinet	garage	friend's house
under recliners	behind books	toybox	back of closet

Favorite Fabric Colors #7

```
C R I T B G K L M U C W Y D Q Y L A C G N O A Z A F
H J O N E Q W N G F O N R R I N A V Y D R G R L Y K
E U G E D L G V I I R R S A X V Q R R A Q A N G X J
O U D A B I O E M P H X S O S V U G N N C E Y W U N
W B N R D I G I G Y N O S M I R C G E X E H H W K U
A Q O Y E K H O V I R O S P O E E O X R B I O Y I X
C W E B R N M I T D E Z E K T B N X G X T L J L B H
N N V G E I U N E F E B M N E G B E L E L L Y Y C I
D E I X P P E U L E E N P B R L M T F E Y Y D G R X
D E L F I E L A S T Y Z I E M I L G Y R G O N C E H
O R O W F B V I U A I P E M L F O Y O G R Z U Y A K
E G Z F T E O C V K X N Q C D L U V G A X D G B M S
F W O H N U J Y A J M I F A D K I I N R S W R E X X
Y C G D Q D K H Q A L X H U O Z E G O R E S U R G G
U I E R L L K P D V N O O R A M E P M E Y E B P V Z
L R U X A E L P R U P L Z R L L D J E N G Z N I I W
L T L A R Z L U B L A C K G T T G E L Q K Z T N P S
E L Z Y O O R I A T F N E T A L O C O H C X I K E C
```

cyber pink	neon pink	neon green	indigo	purple	white	yellow
orange	lavender	coffee	kelly green	cream	ivory	black
burgundy	maroon	navy	gold	beige	crimson	gray
light blue	orange	chocolate	green	lemon	brown	pink
lime green	olive	khaki	denim	turquoise	violet	red

Favorite Fabric Colors #7

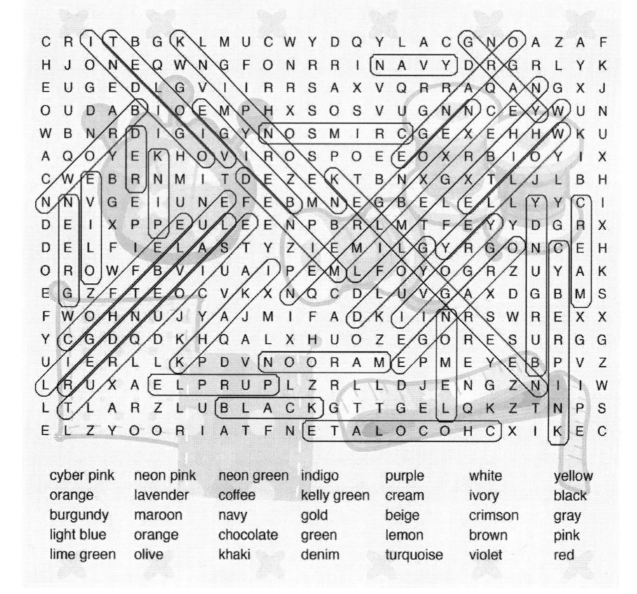

C R I T B G K L M U C W Y D Q Y L A C G N O A Z A F
H J O N E Q W N G F O N R R I N A V Y D R G R L Y K
E U G E D L G V I I R R S A X V Q R R A Q A N G X J
O U D A B I O E M P H X S O S V U G N N C E Y W U N
W B N R D I G I G Y N O S M I R C G E X E H H W K U
A Q O Y E K H O V I R O S P O E E O X R B I O Y I X
C W E B R N M I T D E Z E K T B N X G X T L J L B H
N N V G E I U N E F E B M N E G B E L E L L Y Y C I
D E I X P P E U L E E N P B R L M T F E Y Y D G R X
D E L F I E L A S T Y Z I E M I L G Y R G O N C E H
O R O W F B V I U A I P E M L F O Y O G R Z U Y A K
E G Z F T E O C V K X N Q C D L U V G A X D G B M S
F W O H N U J Y A J M I F A D K I N R S W R E X X
Y C G D Q D K H Q A L X H U O Z E G O R E S U R G G
U I E R L L K P D V N O O R A M E P M E Y E B P V Z
L R U X A E L P R U P L Z R L L D J E N G Z N I I W
L T L A R Z L U B L A C K G T T G E L Q K Z T N P S
E L Z Y O O R I A T F N E T A L O C O H C X I K E C

cyber pink	neon pink	neon green	indigo	purple	white	yellow
orange	lavender	coffee	kelly green	cream	ivory	black
burgundy	maroon	navy	gold	beige	crimson	gray
light blue	orange	chocolate	green	lemon	brown	pink
lime green	olive	khaki	denim	turquoise	violet	red

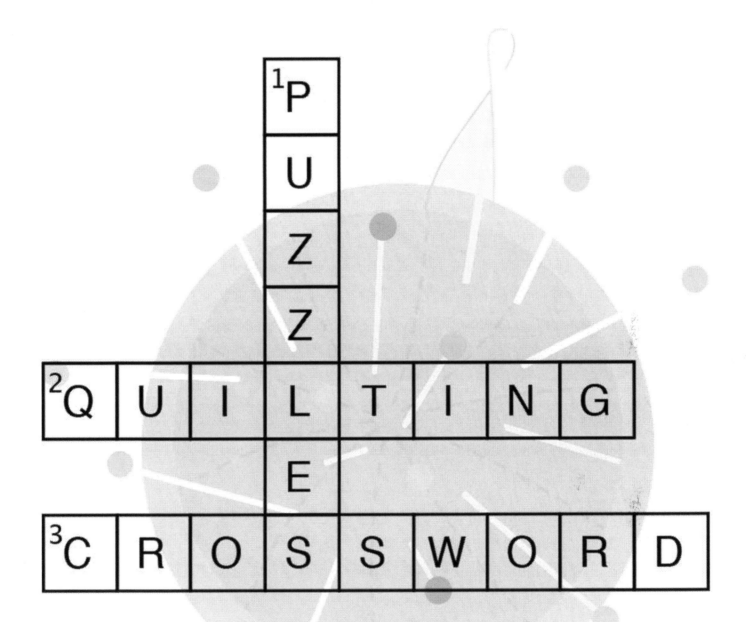

QUILT CROSSWORDS #1

Across

4. Invisible stitching
6. Japanese tool that lets you crease fabric
7. Middle layer
8. Consists of nine squares
9. Stitching three layers together
10. Outer edge
12. Quilting on the go
14. Collection of fabric
15. Plastic measuring tool
17. Requires an iron
18. Top layer
19. Lightness or darkness of colors

Down

1. Imperfect patchwork
2. Temporary stitches
3. Forty-five degree corner
4. Back layer of quilt
5. Cut at 45 degrees
7. Short, thin needles
11. To autograph your quilt
13. Fabric sewn on top of background
16. Quilt unit

QUILT CROSSWORDS #1

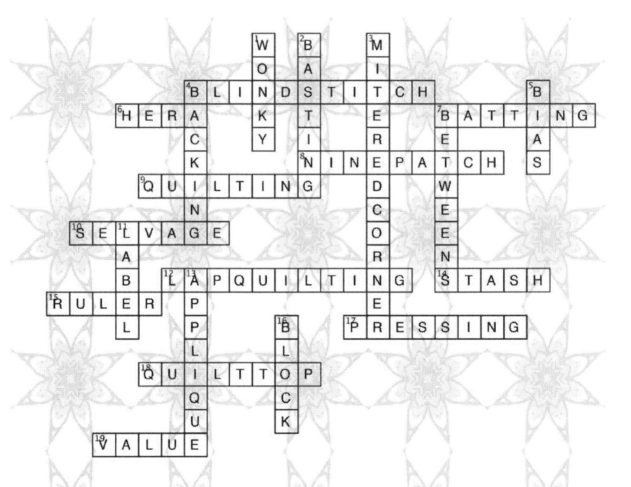

Across

4. Invisible stitching [BLINDSTITCH]
6. Japanese tool that lets you crease fabric [HERA]
7. Middle layer [BATTING]
8. Consists of nine squares [NINEPATCH]
9. Stitching three layers together [QUILTING]
10. Outer edge [SELVAGE]
12. Quilting on the go [LAPQUILTING]
14. Collection of fabric [STASH]
15. Plastic measuring tool [RULER]
17. Requires an iron [PRESSING]
18. Top layer [QUILTTOP]
19. Lightness or darkness of colors [VALUE]

Down

1. Imperfect patchwork [WONKY]
2. Temporary stitches [BASTING]
3. Forty-five degree corner [MITEREDCORNER]
4. Back layer of quilt [BACKING]
5. Cut at 45 degrees [BIAS]
7. Short, thin needles [BETWEENS]
11. To autograph your quilt [LABEL]
13. Fabric sewn on top of background [APPLIQUE]
16. Quilt unit [BLOCK]

QUILT CROSSWORDS #2

Across
3. A self-healing surface
4. Thick middle layer
5. Quilting style with feed dog down
6. Temporarily holds quilt layers together
9. Quilt design unit
11. 4 pointed star pattern
12. Thread holder
13. Pattern with a lot of curved piecing
14. Bird name quilt pattern

Down
1. 5" bundle of pre-cut squares
2. HST
3. Quilt that ooks like fish scales
7. For mistakes
8. Last step in a quilt
9. Fibers that sneak thru quilt top
10. Quilt consisting of odd shapes

QUILT CROSSWORDS #2

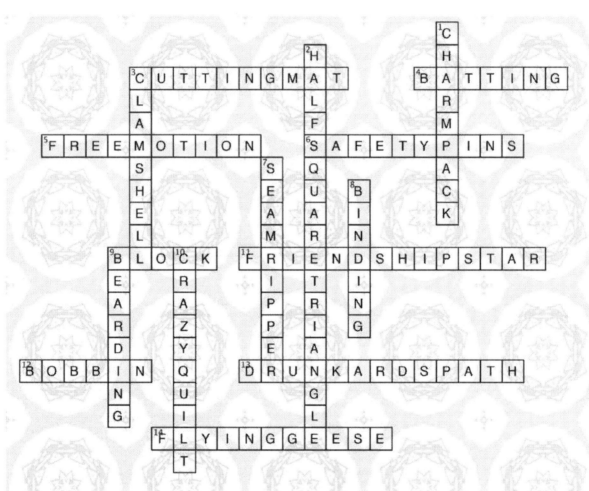

Across

3. A self-healing surface [CUTTINGMAT]
4. Thick middle layer [BATTING]
5. Quilting style with feed dog down [FREEMOTION]
6. Temporarily holds quilt layers together [SAFETYPINS]
9. Quilt design unit [BLOCK]
11. 4 pointed star pattern [FRIENDSHIPSTAR]
12. Thread holder [BOBBIN]
13. Pattern with a lot of curved piecing [DRUNKARDSPATH]
14. Bird name quilt pattern [FLYINGGEESE]

Down

1. 5" bundle of pre-cut squares [CHARMPACK]
2. HST [HALFSQUARETRIANGLE]
3. Quilt that ooks like fish scales [CLAMSHELL]
7. For mistakes [SEAMRIPPER]
8. Last step in a quilt [BINDING]
9. Fibers that sneak thru quilt top [BEARDING]
10. Quilt consisting of odd shapes [CRAZYQUILT]

QUILT PATTERNS #3

A clueless puzzle. Fill in the grid with each word listed below

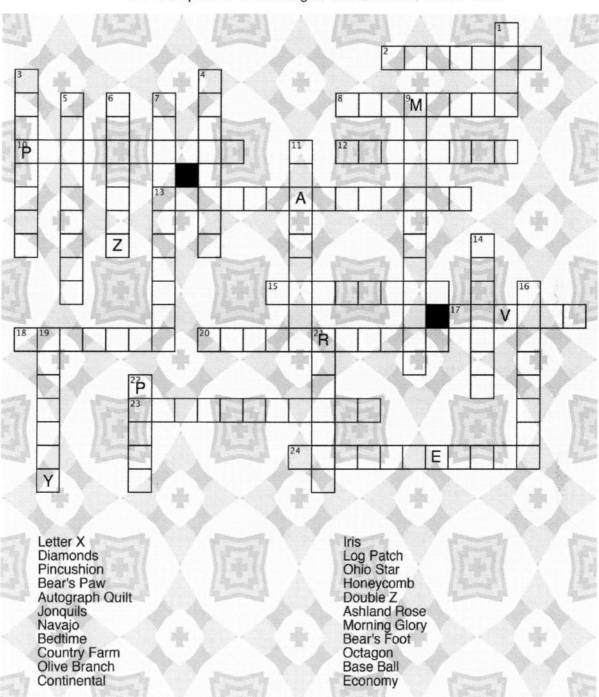

Letter X
Diamonds
Pincushion
Bear's Paw
Autograph Quilt
Jonquils
Navajo
Bedtime
Country Farm
Olive Branch
Continental

Iris
Log Patch
Ohio Star
Honeycomb
Double Z
Ashland Rose
Morning Glory
Bear's Foot
Octagon
Base Ball
Economy

QUILT PATTERNS #3

A clueless puzzle. Fill in the grid with each word listed below

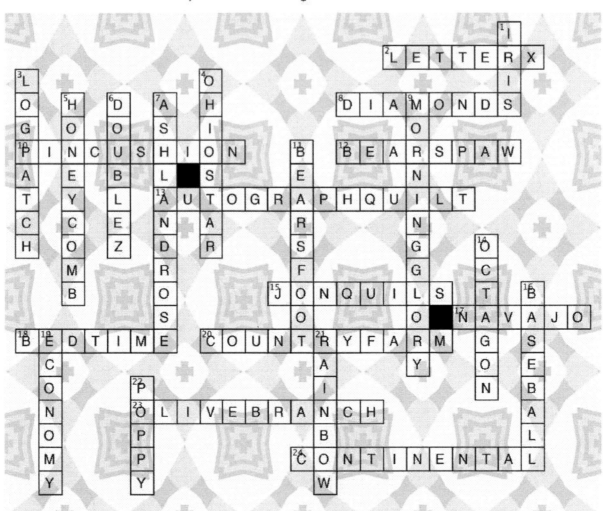

Across

2. Letter X [LETTERX]
8. Diamonds [DIAMONDS]
10. Pincushion [PINCUSHION]
12. Bear's Paw [BEARSPAW]
13. Autograph Quilt [AUTOGRAPHQUILT]
15. Jonquils [JONQUILS]
17. Navajo [NAVAJO]
18. Bedtime [BEDTIME]
20. Country Farm [COUNTRYFARM]
23. Olive Branch [OLIVEBRANCH]
24. Continental [CONTINENTAL]

Down

1. Iris [IRIS]
3. Log Patch [LOGPATCH]
4. Ohio Star [OHIOSTAR]
5. Honeycomb [HONEYCOMB]
6. Double Z [DOUBLEZ]
7. Ashland Rose [ASHLANDROSE]
9. Morning Glory [MORNINGGLORY]
11. Bear's Foot [BEARSFOOT]
14. Octagon [OCTAGON]
16. Base Ball [BASEBALL]
19. Economy [ECONOMY]
21. Rainbow [RAINBOW]
22. Poppy [POPPY]

QUILT PATTERNS #4
A clueless puzzle. Fill in the grid with each word listed below

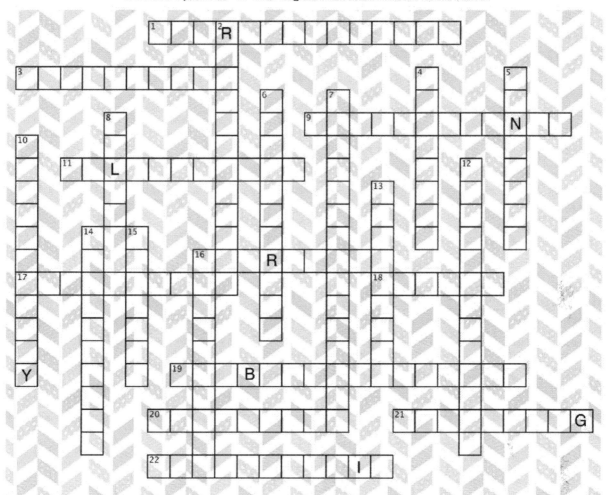

Rose of Sharon
The Royal
Pine Tree
Roman Stripe
Four Little Birds
Salem
Double Peony11
Double Squares
Four Frogs
PIckle Dish
Rosebud

Four Stars Patch
Roman Cross
Double Wrench
Rolling Star
Four X Star
Pincushion
Four Es
Double Irish Chain
Pinwheels
Rose Sprig
Rose of Dixie
Four Points

QUILT PATTERNS #4

A clueless puzzle. Fill in the grid with each word listed below

Across

1. Four Stars Patch [FOURSTARSPATCH]
3. Roman Cross [ROMANCROSS]
9. Double Wrench [DOUBLEWRENCH]
11. Rolling Star [ROLLINGSTAR]
16. Four X Star [FOURXSTAR]
17. Pincushion [PINCUSHION]
18. Four Es [FOURES]
19. Double Irish Chain
   [DOUBLEIRISHCHAIN]
20. Pinwheels [PINWHEELS]
21. Rose Sprig [ROSESPRIG]
22. Rose of Dixie [ROSEOFDIXIE]

Down

2. Rose of Sharon [ROSEOFSHARON]
4. The Royal [THEROYAL]
5. Pine Tree [PINETREE]
6. Roman Stripe [ROMANSTRIPE]
7. Four Little Birds [FOURLITTLEBIRDS]
8. Salem [SALEM]
10. Double Peony11 [DOUBLEPEONY]
12. Double Squares [DOUBLESQUARES]
13. Four Frogs [FOURFROGS]
14. Pickle Dish [PICKLEDISH]
15. Rosebud [ROSEBUD]
16. Four Points [FOURPOINTS]

QUILT PATTERNS #5

A clueless puzzle. Fill in the grid with each word listed below

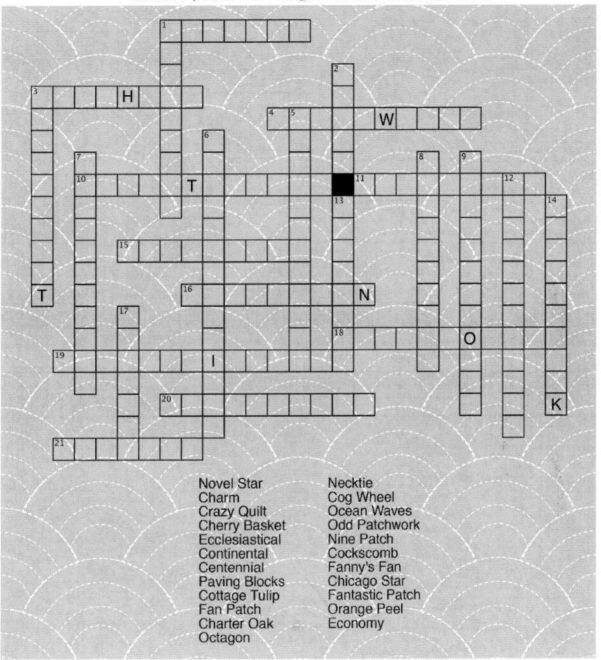

Novel Star
Charm
Crazy Quilt
Cherry Basket
Ecclesiastical
Continental
Centennial
Paving Blocks
Cottage Tulip
Fan Patch
Charter Oak
Octagon

Necktie
Cog Wheel
Ocean Waves
Odd Patchwork
Nine Patch
Cockscomb
Fanny's Fan
Chicago Star
Fantastic Patch
Orange Peel
Economy

QUILT PATTERNS #5

A clueless puzzle. Fill in the grid with each word listed below

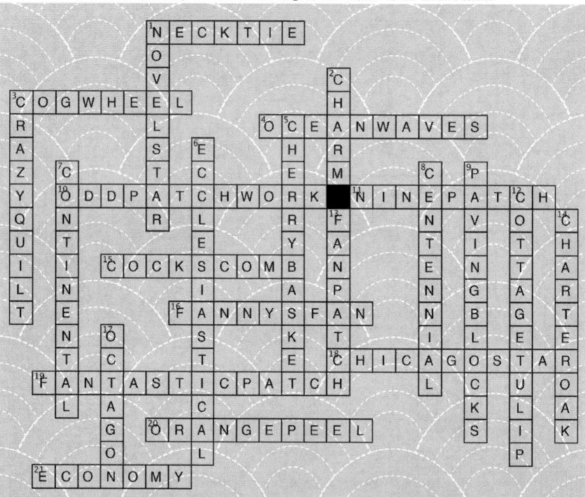

Across

1. Necktie [NECKTIE]
3. Cog Wheel [COGWHEEL]
4. Ocean Waves [OCEANWAVES]
10. Odd Patchwork [ODDPATCHWORK]
11. Nine Patch [NINEPATCH]
15. Cockscomb [COCKSCOMB]
16. Fanny's Fan [FANNYSFAN]
18. Chicago Star [CHICAGOSTAR]
19. Fantastic Patch [FANTASTICPATCH]
20. Orange Peel [ORANGEPEEL]
21. Economy [ECONOMY]

Down

1. Novel Star [NOVELSTAR]
2. Charm [CHARM]
3. Crazy Quilt [CRAZYQUILT]
5. Cherry Basket [CHERRYBASKET]
6. Ecclesiastical [ECCLESIASTICAL]
7. Continental [CONTINENTAL]
8. Centennial [CENTENNIAL]
9. Paving Blocks [PAVINGBLOCKS]
12. Cottage Tulip [COTTAGETULIP]
13. Fan Patch [FANPATCH]
14. Charter Oak [CHARTEROAK]
17. Octagon [OCTAGON]

CITIES OF GREAT QUILT SHOWS #6

A clueless puzzle. Fill in the grid with each word listed below

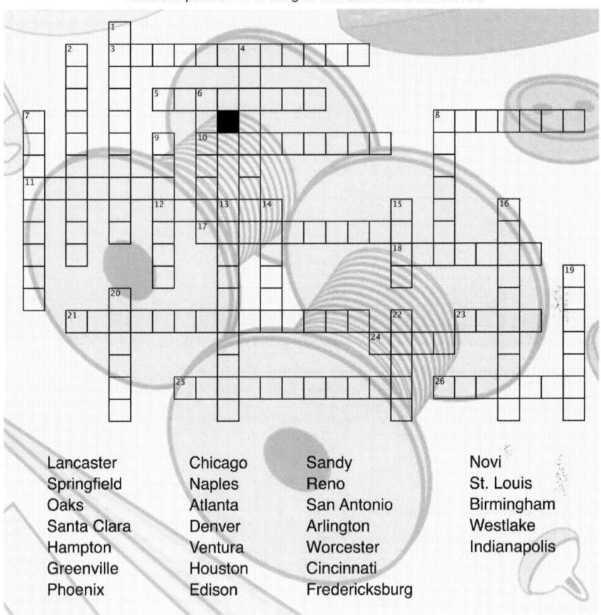

Lancaster	Chicago	Sandy	Novi
Springfield	Naples	Reno	St. Louis
Oaks	Atlanta	San Antonio	Birmingham
Santa Clara	Denver	Arlington	Westlake
Hampton	Ventura	Worcester	Indianapolis
Greenville	Houston	Cincinnati	
Phoenix	Edison	Fredericksburg	

CITIES OF GREAT QUILT SHOWS #6

A clueless puzzle. Fill in the grid with each word listed below

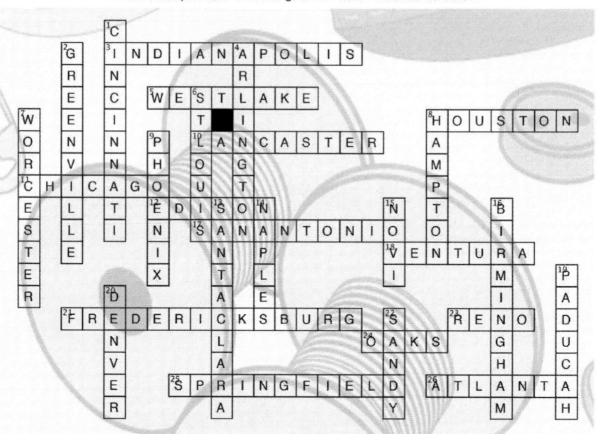

Across

3. Indianapolis [INDIANAPOLIS]
5. Westlake [WESTLAKE]
8. Houston [HOUSTON]
10. Lancaster [LANCASTER]
11. Chicago [CHICAGO]
12. Edison [EDISON]
17. San Antonio
    [SANANTONIO]
18. Ventura [VENTURA]
21. Fredericksburg [FREDERICKSBURG]
23. Reno [RENO]
24. Oaks [OAKS]
25. Springfield [SPRINGFIELD]
26. Atlanta [ATLANTA]

Down

1. Cincinnati [CINCINNATI]
2. Greenville [GREENVILLE]
4. Arlington [ARLINGTON]
6. St. Louis
    [STLOUIS]
7. Worcester [WORCESTER]
8. Hampton [HAMPTON]
9. Phoenix [PHOENIX]
13. Santa Clara
    [SANTACLARA]
14. Naples [NAPLES]
15. Novi [NOVI]
16. Birmingham [BIRMINGHAM]
19. Paducah [PADUCAH]
20. Denver [DENVER]
22. Sandy [SANDY]

COLORING PAGES

Quilting Coloring Pages

The coloring pages that follow consist of five (5) basic, yet famous quilting patterns. They are: 1) Nine Patch; 2) Ohio Star; 3) Jacob's Ladder; 4) Eight Pointed Star; and 5) Log Cabin.

There are three (3) variations of each quilt pattern with slightly grayed in spaces of each quilt block. This was done just for fun to help you spot each individual quilt block and to also show you how the quilt look changes as quilt blocks are turned on an angle and/or different pieces of a block are colored differently.

The backs of each coloring page have been left empty just in case bleeding should occur with the coloring utensils you use. It will also allow you an opportunity to remove the page so you can admire your artwork if you desire.

Nine Patch - Variation #1

Nine Patch - Variation #2

Nine Patch - Variation #3

Ohio Star - Variation #1

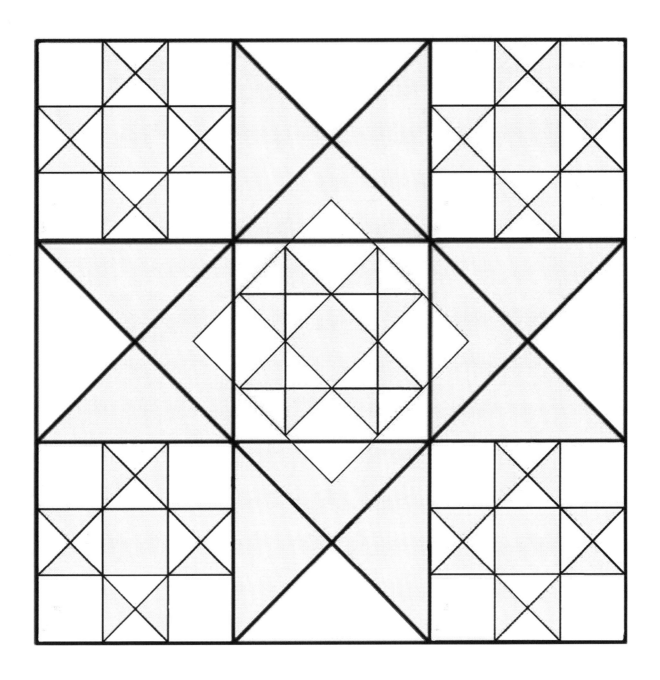

Ohio Star - Variation #2

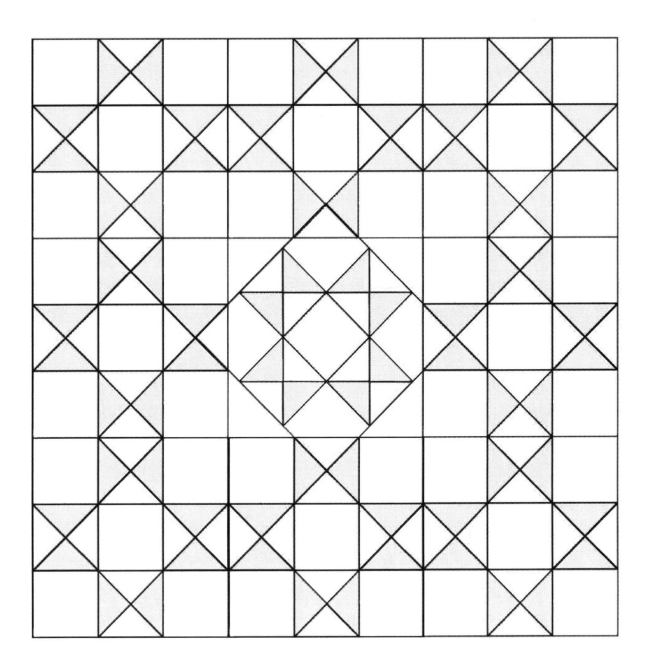

Ohio Star - Variation #3

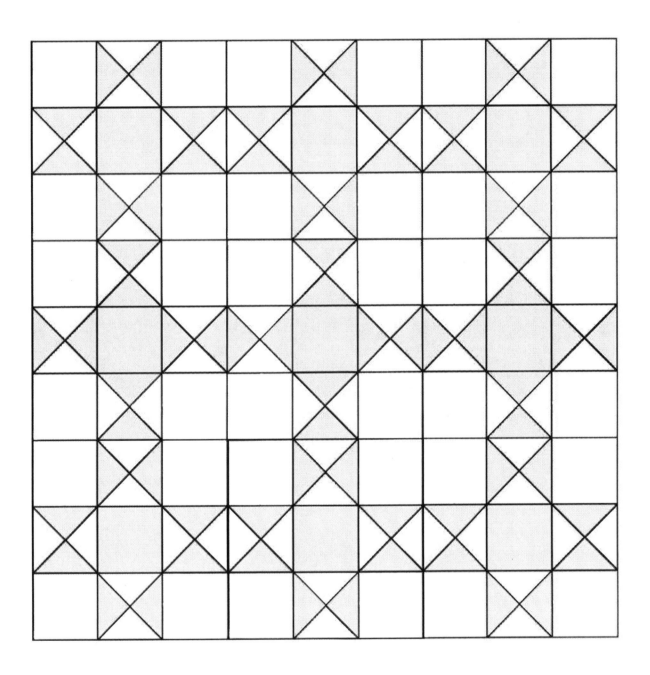

Jacob's Ladder - Variation #1

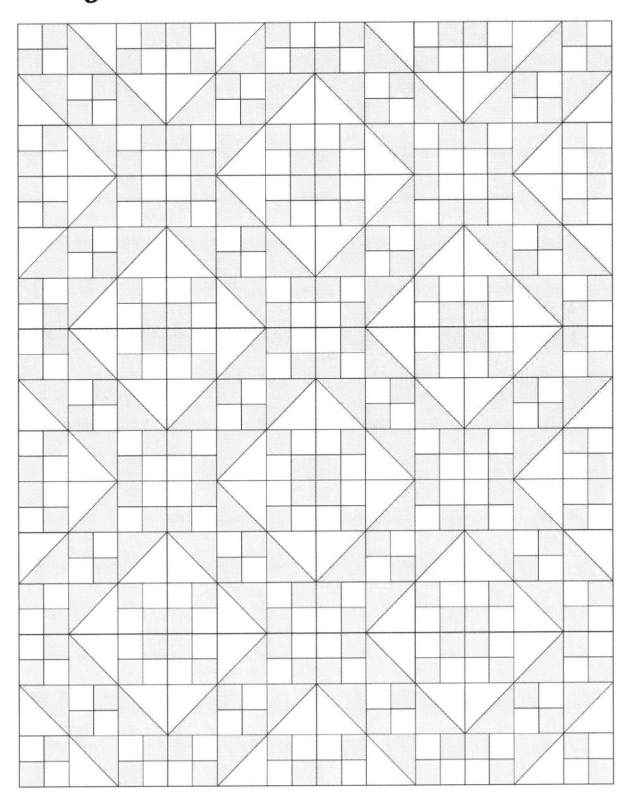

Jacob's Ladder - Variation #2

Jacob's Ladder - Variation #3

Eight Pointed Star - Variation #1

Eight Pointed Star - Variation #2

Eight Pointed Star - Variation #3

Log Cabin - Variation #1

Log Cabin - Variation #2

Log Cabin - Variation #3

Grab a pencil, a friend, a grandchild
or a family and play

CONNECT

THE

DOTS

Taking turns, draw a line horizontally or vertically between two adjacent dots anywhere on the page. The player who completes the fourth side of a square claims the square and puts their initial inside it and takes another turn. Each time a box is completed, the player take another turn. The game ends when all the dots have been connected. The winner is the player with the most squares.

Made in the USA
Middletown, DE
13 September 2020

19499409R00062